黑色的歌

Czarna Piosenka

[波] 维斯拉瓦·辛波斯卡 著
林蔚昀 译

长江出版传媒 长江文艺出版社

你用书本、昆虫和树叶
教我什么是生命的清晨。

——维斯拉瓦·辛波斯卡

诸灵节 089
高山 095
漫游 099
微笑的主题 113
关于追人的人与被追的人 117
遗憾的归来 123
运送犹太人 129
战争的孩子 135
玩笑的情色诗 141
马蹄铁 147
黑色的歌 153
今日的民谣 159
学校的星期天 167

目录

Contents

译序

为了更多的东西 001

儿童十字军 007

我在寻找字 013

和平 019

无题 025

音乐家扬柯 031

摘自一天的自传 041

关于九月的记忆 053

关于一月的记忆 059

无名士兵之吻 065

寄往西方的信 071

献给诗 077

生命线 085

译序/我在寻找字

——谈翻译辛波斯卡《黑色的歌》

翻译《黑色的歌》，是诚惶诚恐的。

惶恐，因为《黑色的歌》（*Czarna Piosenka*）是一本传奇性的诗集。它收录了辛波斯卡一九四四年到一九四八年间的诗作，本来应该成为她的第一本诗集，但后来因为某种原因（有可能是因为内容敏感、无法通过社会主义时期的政治审查，或是遭到出版社拒绝，或是辛波斯卡自己决定不要出版）没有发表，直到辛波斯卡过世后才得以和读者见面。

创作者的作品重新出土，总是会引起好奇、期待、讨论和争议。有人会质疑这样做是否违背作者意愿，有人担心看到不成熟的少作会让自己想象中的作者形象破灭，也有人乐见创作者不同时期的风格，借此了解他们创作、成长的过程。

虽然辛波斯卡生前一直不太愿意回顾少作，但她也不是完全没有发表过这些早期作品。在一九六四年出版的《辛波斯卡诗选》中，就收录了五首“未结集作品”中的诗作（这五首都收录在《黑色的歌》之中）。据辛波斯卡生前秘书、现任辛波斯卡基金会执行长迈克尔·鲁辛涅克（Michal Rusinek）的说法，辛波斯卡对自己过世后作品和遗产如何处理规划得很详细，也都经过了审慎考虑。因此，既然辛波斯卡把《黑色的歌》的打字稿[1]留给了她的遗嘱执行人，这表示辛波斯卡默许了它的出版——虽然辛波斯卡对这本诗集的样貌、书名、排版已无任何影响力[2]。

双面辛波斯卡

《黑色的歌》会不会挑战、颠覆读者眼中的辛波斯卡，让原本的形象破灭？我想，挑战和颠覆是一定的。《黑色的歌》收录的多数诗作都青涩（但有些诗作则成熟得惊人！）、用字不是很精准、情感直接强烈，而且少数诗作具有爱国主义和社会主义的政治宣导色彩，这和辛波斯卡中晚期诗作成熟、精练、对事物抱有冷静观察、从来不为任何主义服务的特色，形成有趣的对比。如果隐去作者姓名，搞不好读者会以为这是两个不同作者的作品——就像辛波斯卡的《青少女》中所说的："我们真的差很多，/想的和说的，完全是不同的事，/她知道的很少——/但固执己见。/我知道的比她多——/却充满犹疑。"

《黑色的歌》和辛波斯卡中晚期的诗作真的这么不同吗？有没有

1. 这份打字稿是辛波斯卡的前夫、挚友、诗人亚当·沃德克（Adam Wlodek）在一九七〇年送给辛波斯卡的礼物。他曾和辛波斯卡一同准备这本诗集的出版，而在一九七〇年的打字稿中，他也加上了一些附注（比如某首诗是否发表过、在什么地方第一次发表）。

2. 辛波斯卡很注重诗的选择、顺序、字体和书名，在可能的情况下都会亲自决定。

一些主题是延续的，但是后来以变奏的形式出现？年轻的辛波斯卡和中老年的辛波斯卡可以对话吗？在读完《黑色的歌》和辛波斯卡的中晚期诗作（从一九五七年的《呼唤雪人》到二〇一二年的《够了》，共十一本诗集）后，我的结论是：两者是有对话性的。《黑色的歌》中的《高山》，在《呼唤雪人》中变成了《未曾发生的喜马拉雅之旅》，但是重点已从登高的感动转化为对人性的思考。在战后不久发表的《运送犹太人》，后来化为《呼唤雪人》中的《尚且》，虽然后者没有直接指犹太人大屠杀，但是读者可以从字里行间找到线索。而且因为《尚且》脱离了原本的背景，我们也可以用它来理解所有类似并且不断重复发生的暴行。

除此之外，还有一些其他不是那么明显的互文性，但也同样有趣。比如，辛波斯卡对战争、受害者、死亡、人类处境、世界的关注，在她早期作品中就可以看到。她的幽默感和深入浅出、掌握事物矛盾的天赋也很早就显露出来。她早期写爱情比较直接、天真，后期则多了犹疑、冷眼和世故。她早期喜欢在诗中大量运用叙事以及散文化的风格（所以有时候结构太散乱，文字也不精练），这在她中期的某些散文诗中还可以看到痕迹，而在晚期，这些叙事性已完全融入诗中，散文的部分只剩下文字较为口语化这个特色。

当然，有些年轻时期的特色在中晚期并没有保留下来，毕竟成长并不只是延续，也包括舍弃。辛波斯卡年轻时爱写组诗，这在她中期的作品中很少出现，晚期则完全没有。她年轻时喜欢用艰涩、不易懂、少见的字眼，这在中晚期几乎看不到——或者说，辛波斯卡慢慢意识到，语言的实验与创意有很多种，不一定要用大家看不懂的方式来写。因此，她中晚期的诗依然充满令人眼睛一亮的语言巧思（双关、颠覆陈腔滥调的话语、自创新词），但逻辑清楚，令人可以理解，像是透明的琥珀，可以看透，却让人怎么都看不厌。

综合以上，《黑色的歌》是一本有趣的诗集。它让我们看到一位年轻诗人的肖像，一位年轻女士记录时代、和时代对话的企图。对欲了解辛波斯卡的人来说，《黑色的歌》是非常珍贵的素材，他们可以从中找到许多辛波斯卡后来创作的原型，也可以看到她的创作是如何随时间成熟、改变的。如果《呼唤雪人》开启了辛波斯卡诗歌创作的成熟期，那么《黑色的歌》就是童年和青春期。了解了这个时期，才有可能了解完整的辛波斯卡。不管这个时期的作品有多么不成熟、不完美，它们都有其美丽、动人、诚恳之处。这些不成熟、不完美正好符合诗人当时的心境、年纪与经历，而且正是因为有这些不成熟、青涩、冗赘、一头热，才会有后来的成熟、老道、精练和沉淀。

我不会将辛波斯卡的改变称为“去芜存菁”（实际上，辛波斯卡没有把“芜”去除，而是不断尝试如何以不同的方式处理它），而会把它称为蜕变和成长。我所认知的成长并非放弃孩童或青少年时期的特质，而是把它们和大人时期的特质相结合。从这个角度看，或许我们可以理解为什么辛波斯卡的作品总是在成熟中有天真，在世故中有童趣。

与辛波斯卡的对话

不管再怎么努力让读者接近原作，翻译一定会失真、一定必须背叛，这是它无法避免的宿命。我在翻译《黑色的歌》时遇到一个很大的困扰：要如何面对辛波斯卡早期的青涩风格？是要保持那语言的青涩、模糊、缺乏逻辑、拙劣、创新实验性，还是要改成读者熟悉、看得懂、可以欣赏的语言？修饰可以让阅读的过程比较容易，但是这样会不会改变原作本质，削弱和中晚期诗作对照的张力？虽然那语言很青涩，但同时也质朴可爱啊。即使是造作、故作高尚、强说愁，也是造作得那么天真、可爱。这些特质不值得保留吗？读者的语言习惯、阅读习惯不能被挑战吗？

如果今天这本书不是译作，我对语言的精确性会比较宽容，因为那时候读者不只是用文字在阅读作者，也是用他和作者共享的对语言的知识、对社会文化背景的知识在读、在猜。翻译作品天生就缺乏这种“猜”的条件，文字是它唯一的沟通工具，所以必须追求精准、易读。于是，我必须牺牲一些比较有原创性、实验性的语言，比如在《诸灵节》中，辛波斯卡写道：“我会让冷杉和紫菀做成的花圈/拥抱丑陋的坟墓。”这里的“花圈”原本应该是winieta，指的是欧洲古书上拿来装饰页面的花卉插画（放在书名页或章节的开头或结尾）。但对中文读者来说可能有点冷僻，所以改成易于理解的花圈。

不过，我并没有把每个有棱有角的地方都修平修整。比如辛波斯卡经常使用的双重否定句（如《摘自一天的自传》中的“在云朵之后的夜晚并非没有星星”），我就倾向于保留。虽然改成肯定句会比较通顺、比较“像中文”，意义也不会改变，但我觉得那和双重否定所要强调的事情有着细微的差异——比起单纯的“有星星的夜晚”，“并非没有星星的夜晚”有一种“啊，原来不是没有啊，还好还有一点星星”的幸运/幸存感。

寻找不可能的字

说了这么多关于翻译的眉角，也许读者会觉得：“这么说来，这本诗集根本是无法翻译的嘛。翻译它有意义吗？”确实，我经常听到“这个可以翻吗？”的质疑，尤其是诗，只要我告诉别人我在翻译诗，就会有人问：“诗可以翻吗？”或直接断定：“诗是不能翻的。”

如果我们把翻译当成制造复制人，每个细节都要百分之百一模一样，包括肉体和灵魂，那诗当然是不可以翻的。但是，如果我们把翻译当成作者和读者共同生下的孩子（作者的基因占绝大多数），那翻译就是可能的。我们不必否认，翻译永远都会是不完全的东西。因为它不是原作（虽然以原文阅读原作，也是另一种翻译，读者永远无法完全了解作者）。但是，或许像村上春树所说，文字本来就是不完全的东西，能装载进去的东西也是不完全的思想和感情。这很符合现实的状态，多半时候，我们并无法完全理解自己的想法和感受，也无法完全抓住它们。

在《我在寻找字》这首诗中，辛波斯卡写下了“找不到字来描写战争犯罪者恶行”的挫折和无力：“我们的话语是无力的，/它的声音突然——变得贫瘠。/我努力地思索，/寻找那个字——/但是我找不到它。/我找不到。”有趣的是，这段话也可以用来形容说话、写作本身。当一个人意识到沟通的局限，他可以选择沉默、拒绝沟通、改变沟通的方式或者继续寻找。辛波斯卡选择了继续寻找。

“我之前写诗，现在写诗，之后也会写诗。”辛波斯卡在一九五一年这么说。把这句话当成座右铭，我觉得我也可以继续翻译、寻找下去。

林蔚昀

为了更多的东西
Czarna
Piosenka

为了更多的东西，
不只是辽阔的疆界，
猎猎作响的旗帜，
——为了她军人般骄傲的胜利。

为了更多的东西，
不只是国歌的还击，
命运的意义，
——为了她比轻蔑更迅速的复仇。

为了更多的东西，
不只是她的——节日。
为了更多的东西，
——为了她的：平日。

……为了从红色烟囱里飘出来的烟，
为了可以不带恐惧地抽出一本书，
为了一小块干净的天空
我们战斗。

为了一小块干净的天空
我们战斗。

儿童十字军

Czarna
Piosenka

那里——在我们的城市中最热血的那一座，
孩子们的尸体
脸朝下，埋在凝固的血中。

第一场战争游戏——但可不是打来好玩的，
第一个有勇无谋的开始。
有人展现自我。有人尝试。现在已是玩笑。
开枪——那很容易。没有射偏。
第一场冒险。真正的，成人的。
警觉又坚定地捏紧汽油弹。
昨天有三辆坦克——今天会有第四辆。
不耐烦的手在命令下达之前就行动。

——穿过化为残骸的城市，
在那已经没有任何人能阻止的火焰中，
流浪儿童的十字军
在枪林弹雨中跋涉前进，
以握紧的拳头当作武器，在尖叫中僵硬。
我们的眼睛因为新鲜的记忆而疲倦，
但是我们的手知道，我们的手相信。
我们用来举起世上重担的手
知道：世界会重生，不会有战争的幽灵。

它会补偿被毁灭的那些年，
并且相信新的秩序及韵律。

……也许这也是为什么
那最令人难过的
日日夜夜哽住了我们的喉头：为什么，
沉默地：到底是为了什么
——那些倒下孩童的尸体。

我在寻找字

Czarna Piosenka

我想用一个字形容他们:
什么样的——?
我从口语中拣选,从字典里偷窃
衡量,称重,研究——
没有一个
合用。

每一个最勇敢的字——依然胆怯,
每一个最轻蔑的字——尚且神圣。
每一个最残酷的字——太过仁慈,
每一个最充满恨意的字——不够坚决。

这个字必须像火山，
它应该击打，撕裂，推翻，
有如可怕的天谴。
有如滚烫的憎恨。

我想要让这个字
溢满鲜血，
就让它像执行酷刑的监狱，
纳进每一个万人冢。

让它精准、清楚地描写
这些人是谁——所有那些发生的事。

因为我所听到的，
那些被写下的——
都太少了。
太少了。

我们的话语是无力的，
它的声音突然——变得贫瘠。
我努力地思索，
寻找那个字——
但是我找不到它。
我找不到。

1945

和平
Czarna
Piosenka

内心愉快的警报比官方的声明早来一步。

比光线更快的是消息，

比消息更快的是信仰。

人们的吼叫、歌唱、致辞
都不足以描述、形容这一切，
除了一个字——终于。
一直盲目到此刻的城市之夜
往天空投射信号——
透过通往星辰的道路。
窗户上服丧的象征被拿下来了，
成群结队、脚步划一的行人
会踩着这些象征往前走。

其他人会跑到家门前，
和所有认识的人、不认识的人
仓促地握手，
交换那亘古的真理——

人类给世界带来的
是和平——不是剑。

1945

无题

Czarna Piosenka

关于这个世界我们曾经了如指掌：
——它是那么渺小，可以容身于握手，
那么简单，可用一个微笑来描述，
那么平凡，像是在祷告词中古老真理的回音。

历史并没有以胜利的号角欢迎我们:
——它把肮脏的沙子撒进我们的眼。
在我们面前是遥远没有出口的路,
毒井,苦面包。

我们的战利品是
关于这个世界的知识：
——它是那么巨大，
可以容身于握手，
那么复杂，可用一个微笑来描述，
那么奇怪，像是在祷告词中古老真理的回音。

1945

编注：这首诗在翻译时，参考了[illegible]的译本，特此致谢。

音乐家扬柯
纪念战死的那人
Czarna
Piosenka

— 1 —

你阴郁地看穿那哭累了的玻璃。
不该在这季节到来的雨——打乱了你的计划。
你用手指敲击窗框。
在你眼里是空洞的空间。

我看到玻璃被一百颗雨珠打湿,
每一滴雨水——甚至因为这沉默的思绪而沉重——
它们在湿润的颤抖里饱满,犹豫地悬挂在半空,
不久就会变成一道细流往下流淌。

我转过头
然后对着你惊讶的双眼可笑地大叫,
嘴角带着一丝尴尬——
我知道,你要离去。

— 2 —

白天安静地冷却。
晚上会有凉意。
风熄灭我们炽热的额头。
而声音迷失了路途，声音纷纷散落——
叫喊太困难。
我屏息问：
你会回来吗？……明天？……

蜡烛用成串的泪水
写下离别的时间。
你的影子高大，甚至碰触到天花板，
它的手抬起来
然后——敬礼：
我会回来的。明天。

— 3 —

羞涩、年轻、沾满了绿意的叶子。
我想要摘下它，踩踏它，伤害它。
为了它的恬不知耻——因为它体内有太阳的脉动，
因为它不知道什么是等待。

我手中有恨的力量，
我的愤怒哽在喉头。
因为叶子的生命——短暂，充满泡沫，
因为它无忧无虑地消逝。

我把许多叶子堆成一堆，
从四个角落点火。
当我用烟雾弄脏了陌生的天空——
也许我的请求会实现。

我会向世上所有的神明
祈祷你的归来。

— 4 —

在可能位于任何地方的坟墓，
长着大把大把没人剪过的花。
不可以踩踏土地。
那是罪。

我只带着
世界早已熟悉的悲伤寻找：
在哪儿？

— 5 —

被树枝和野草覆盖，几乎看不见的小径。
我吸入一口阴影中森林的气味。
在良好的虚空中令人疲惫的恐惧
以及那些回忆卷土重来。

越来越接近森林中的空地。
有人把旋律拉成长长的银色细线，
并且从小提琴中织出一首
令人熟悉又陌生的歌。

好几个月来的第一道阳光
温暖明亮地在手中融化。
回音在天空中寻找新的界线，
在森林中尝试新的脚步。

他只是所有人之中的一个，为了所有人
回来——从那里——身上多了死亡。
音乐家扬柯正往这里走来。
我们听到了他的脚步声和歌声。

摘自一天的自传

Czarna Piosenka

— 1 —

我以雨滴的姿态获得自由。
我悄悄地来到屋顶。
窗玻璃溢满清晨。
当你们起床走到窗前：
大地一片湿润的水洼，
天空一片湿润的水洼。
呜，秋天。

我挺起身子，伸伸懒腰，拉开小巷的筋骨。
第一辆马车开始奔跑，
在路上发出辘辘的《当朝霞在晨间升起》。
如果有茶就好了，
只要热乎乎地快点端上。
我就像黑面包一样平凡——
而且日常。

如果你们想要，我会给你们一首歌，风会把它吹到转角。
工厂的尖哨声——交响乐团。
韵律——脚步。
冰凉的空气把人们的衣领拉高，
鞋子也开始变湿。
唉，烂泥。

从那时候起我会在墙上，像是广告海报一样无法移除。
不平均的——标语，标语——
色彩缤纷的污点。
我把自己献给歌，
我把副歌献给歌。

广场上的政党集会
时装舞会
今日菜单：牛肚汤

— 2 —

当他走过，停下——不可能会错——

我知道。

我认识这侧脸，

熟悉这肩线。

我可以凭记忆

把他复制在冰冷光滑如镜，

成串排列的玻璃橱窗上。

时间——随便什么时候——融化在动作和噪音中。

雨已经停了，城市逐渐干燥。

我在某个地方看到你，

我熟悉你的视线，

在那之中有着针对某人的暗黑阴谋——

流浪的时间。

你走在“任何一条”街，你来到“四处”广场。
你把湿润的烟草吸进肺部。
红褐色的烟雾——红褐色的大衣。
在你于“不存在”街转弯，
来到“无处”之前，
我抓住你的纽扣，
往你脸上呵气，抛出一个问题：
脖子肮脏的公民，站起来！
听着，告诉我……

“没有。”

他嵌在
一片人群中——
在乞儿打架的地方。

— 3 —

不是从讲坛或布道坛，
没有承诺或威胁，
我诉说——
仿佛我成为一瞬间，
仿佛我长成一道光柱。
凌驾于熙攘的十字路口之上，
我有如标记挣脱束缚。
我的行动，我崇高的意志
不是用语言堆叠成的。

在欢迎的同时——语言凝结成
面包和盐：
神所庇佑的自大——属于手。
神所庇佑的贪婪——属于额头。

身体展开——恐惧和希望——
在太阳短暂的颤抖中
我点燃请求。
我等待历史，我等待你们。
就让它召唤我——我渴望此事——
灾难或荣耀。

— 4 从电影院出来 —

梦在白色的幕布上闪烁。
两个小时的月亮外壳。
那里有伴随着思念旋律的爱情，
以及在流浪后幸运地归来。

童话过后的世界是蓝灰色并且雾蒙蒙的。
这里的面具和角色十分简单。
士兵唱着游击队的哀歌，
而女孩也表演着自己的遗憾。

我回到你们身边，回到真实的世界，
拥挤、黑暗、充满命运——
站在门边的独臂男孩啊，
还有带着徒劳眼神的女孩。

— 5 —

因为动作而比黄昏更浓重的阴影
斜斜地快速穿过中庭然后消失。
我们再次看到：
墙上的卫兵——不知从哪儿冒出来的
警醒的、灰褐色的猫。

仿佛是寂静。声音从同样浸在
黑暗中的两栋房子间传出，更清楚了一点：
两次错误和短暂的犹豫——
用一只手指弹的钢琴小曲《猫儿跳上栅栏》。

明亮的窗户，有着十字的正方形
从上方落下，让石头闪闪发光。
有人每年都会陷入不安的
思绪，说：
“夜晚来得越来越早了。”

而在天空中，则是接近其他人的太阳。
在云朵之后的夜晚并非没有星星。
我想要——在我成为昨天之前——观看。
我想要——在我成为明天之前——认识。

1945

Czarna
Piosenka

母亲过时的特权：
——到神殿里去找儿子。
为什么——当心脏停止跳动，
胸口的时钟还在走？
因爆炸而飞舞的叶子碰触他的脸庞
就像碰触别的叶子。

波兰秋天的平原，
波兰秋天的山丘——
谁能止住那些道路，
要用什么样的绷带才来得及？
国界——你们身上只有
把自己握成拳头的力量。

给我们一个支点吧，
我们会摇撼世界的——
波兰九月的森林，
波兰九月的河川！
我们的天空澄澈
而大地流满热血。

关于一月的记忆
Czarna
Piosenka

好啦，我们要给世界钉上木板，
这是抵抗冬天和寒风的良方。
在爆炸过后窗户中
只留下一小块光线般的玻璃。

往不愿烧起来的火堆吹气是浪费时间，
烟囱里堆满了瓦砾。
这是暂时的：火柴和木柴。
这是永恒的：充满火光的天空。

那个令人目不转睛的夜晚会来临。
我们会在等待中屏息聆听。
街上的窗户因为车队的重量
而发出声响和震动,
为了庆祝自由已经到来。

我们的嘴巴离话语很遥远。

人们的眼睛看到新的城市：

——在人群上方是一片蜂拥的旗海，

残垣断壁和痉挛的铁。

无名士兵之吻
Czarna
Piosenka

子弹将我蜇伤,

人类的一切对我来说如此陌生,

除了我不在其中的时间,

那时间就像是热气。

我正在流逝。战斗的愉悦

已与我无关。为了愉悦的战斗

以及捣毁城门的梦想

在你们眼前。兄弟们,立正。

乡间的道路——银白色的思念——
透过哭泣的杨柳发出悲鸣。
母亲还会寄两封信，
或者三封，——然后写下第四封。
在它们仿佛疲惫的风筝
将距离缩短之前——
我就会把这大世界，这巨大的世界
装进我小小的伤口。

诗人们，这些为英雄之死
而哭泣的诗歌真是糟糕无比。
他会因为你们的诗歌而感到哀伤，
就像哀悼陌生人的死亡。

他不想当个僵硬如石的
女孩的英雄，
他已经用昨天的手
向你们送上了一个信任的玩笑：飞吻。

寄往西方的信
Czarna
Piosenka

你是我的担忧：黑暗的内部。
也是我的遗憾：已然陌生。
但是只要你依然凝视等待，
只要你依然倾听警醒——
这就是个说服你归来的好时机。

我们这里有个混蛋，他的上衣
和裤子到处都是破洞，打满补丁，
他坐在一堆建材上摇晃双脚，
并且轻蔑地嘲笑你。
而不是说：一开始的时候有火灾。
而不是说：一开始的时候有废墟。

原谅你的故土吧,原谅它曾经遥远,
或是把记忆从它之中拔出来像是植物的根。
但是不要宽容那在你体内的时间!
那是思念海洋的贝壳所发出的声音。

父亲用野草填充烟斗。
在他衰老的手中，微弱的火光在颤抖。
今天他辛苦地修理机器，
然后机器就像愤怒的熊蜂一样发动。

在我们这里生活就是这样实现的。
在我们这里世界就是这样实现的。

1946

献给诗
Czarna
Piosenka

— 1 —

日子的颜色是从天空和叶片来的，
所以我们在蜡笔盒里找不到它。
在花园遁入阴影之前，
我必须把我的眼睛换成文字。

在太阳底下慵懒的诗人们
与在枝叶上慢吞吞爬行的苍蝇们有着不同的智慧，
苍蝇不知道自己精确的拉丁名称，
也不知道自己翅膀在阳光下的戏谑。

你们比诗还要脆弱。

你在飞行时就会忘了自己。

— 2 —

思绪——就像是空屋里的风。

城市的一刻：墙上的阳光。
一扇窗户打开自己的黑暗。
一点都不崇高。在墙的陷阱中。

有谁会需要关于死亡的知识。
因为它桌上的茶都凉了。
一点都没有气氛。肥皂般的文字。

世界的一刻：寂静不会等。
噪音有如沙尘撒进窗户。
一点都没有诗意。给石头和梦。

— 3 —

嬉戏的人散去，院子变得空洞。
我看着它，仿佛一个陌生的地方。
一个孩子留下的铁圈——
没有赤道的地球。

这是祈求的好时机：

我想要在你张得大大的眼中
看到一个更好的明天，
像你一样
把手在火焰中交叉。

院子变暗了。
铁圈会在那里等到清晨。
不可以玩火。
我不能见到你更多。

生命线
Czarna
Piosenka

辘辘的马车声。
煤炭。
早晨才刚来到。
煤灰在路上留下轨迹。

老女人,你必须灵活点,
弯腰捡拾那一小块黑色的煤。

我寻找,这一切是如何在我手上展开:
宽广的世界,未来的日子,快乐。

我手上的生命线——
或许是一个弯腰鞠躬的背。
我的罪过:埋伏等待马车到来。
巫婆。
脸色发青。
在寒冬中。

1946

诸灵节
Czarna
Piosenka

我不是为了悲伤而来；

而是为了

把肮脏的湿树叶扫除，

这样会比较漂亮清爽。

我不是为了反抗而来；

只是为了

点亮小小摇曳的火光，

保护它们不被风吹熄。

空间不会是孤独的：
我会让冷杉和紫菀做成的花圈
拥抱丑陋的坟墓。

那时候会发生更多事：
寂静在我们头顶——不属于恐惧，
而是属于尝试。

我没有在这里等待诗歌；
而是
为了寻找、抓住、拥抱。
活着。

我没有在这里等待诗歌；
而是
为了寻找、抓住、拥抱。
活着。

高山
Czarna
Piosenka

云和岩石。

预感和触摸。

在这里让心瘦下来比较容易,

让光线优先通过。

石头臣服于深渊,

就像每一个不留神的孤寂。

溪流有巨石的湍急。

天空在森林间回响。

再往下面一点有星期三,

ABC和面包。

漫游
Czarna
Piosenka

— 1 田野街 —

那个被诗句和天光
所信任的男孩，
已经在早晨的开始
就倚靠着站牌站立。
充满第一批平凡脚步声的时刻
还没有到来。
那个寻找真相的男孩，
不是任何人的同盟。

他想：
“今日的清晨和昨日的差不多——
今日的清晨也和明日的差不多——”

街道——不管它有多么田野——
跟城市紧密地结合。
它和夜色一起遁入黑暗，
也第一个从梦中清醒。
那个在等电车的男孩，
独自暗示它的反抗。

他说：
“纤弱的小街道——
晨曦中的纤弱小街道——
虽然活人来到这里。
转角的黑暗却驱赶他们。

所有认识的人都在这一刻
尝试互相问候。
根据年龄脱帽敬礼，
根据功勋判断天气
并且从倾斜的边缘观看
轰隆隆的轨道。”

“晨曦中的纤弱小街道，
如果用鲜花把你覆盖
你将会因为那一天的幸运
而升华。”

— 2 放雕像的地方 —

胖胖的年轻女孩
叫卖纯伏特加和樱桃伏特加。
没睡饱的老女人
吆喝她和女孩头发一样的香烟。
闪着戒指光芒的年轻人
颂赞美金。
他们的喧哗粘到男孩身上，
而他把他的微笑收进瞳孔，
当他想着：
“诗人的雕像
曾在轻率的时代矗立于此，”
当他预言：
“我和他们一起踩踏石头，
这石头比铜还坚硬。”

这生活、这旋律、这国家
正是给士兵吹口琴的最佳素材！
有时候歌声会因为士兵抬起帽檐
——为了致敬答谢——而中断。
就让这一天充满色彩吧——
在钞票上有着多彩缤纷的图画。
路过的男孩
把自己的足迹留下。

他威胁：
“在这里将会有一座雕像
反抗轻率的人们。”

他预言：
“士兵的雕像
把口琴放到唇边。
虽然他是石头做的——但他会唤醒音乐。
而这音乐——不是拿来贩卖的。”

— 3 缝旗帜 —

女人们缝布料的速度
比迫不及待就要来临的节日还要快。
不重要——站在门槛——
男孩仿佛从梦中惊醒般惊讶。
今天时间在剪刀的刀口，
在缝制的韵律上弯腰，
明天就会在风中猎猎作响。

男孩向最尊贵的
白与红的纺织厂致敬，
以及那些准确地
把白与红结合的双手。
他想：
“是因为惊奇，
才产生了对字句的需要。
所以每一首诗的名字
都是惊奇——”

他陷入阴郁：
“我的话语
总是太崇高。它太渺小了。”

— 4 衡量 —

走过许多地方及日子的行人
——被击溃的地方和被击溃的日子——
永恒的男孩重复这句话。
房子、爆炸和天空的记忆。
化为粉尘落入虚空的三面墙:
宽度高度长度。
第四面墙是赤裸的,
像是时间。尺寸和重量。

在窗户的内墙
有着前人费劲画下的铅笔痕迹。
那只想要记下孩子身高的手
是多么坚定啊!
再往上看:没有任何东西了。
比这些标记还精准的是:
子弹的弹孔,
它们给身形瘦长的青少年
以及成年的青年标记生命的刻度。

那个嘴巴没有通过
花朵考试的男孩，
那个心中必须过久地拥有
一份爱情的男孩——
苦苦思索：
这严肃是如此持久，
用青春来称呼它——是太狭隘了。

微笑的主题

Czarna Piosenka

那只从阳光日子中掉出来的鸟，
在昏暗的室内拍动翅膀——
她把它捉住。让它猛烈跳动的心安静下来：
“朋友，这真是一场冒险啊！”

当她——放它飞走——让它自由，
让它在飞行中潜入空间——
书本的眼睛和时刻的眼睛
从惊讶的角落抬眼望它。

1947年1月

关于追人的人与
被追的人
Czarna
Piosenka

时间是石头做的
所以活着——就得变成石头。
土地被冠上陌生的名字。
天空由陌生的呼吸支撑。
街上的窗户——石头眼珠——
日夜黯淡无光。
街道——花岗岩峡谷——
因为坚硬的脚步声而震动。
那些被嵌在紧密队伍之中的人
走着——而他们白色的瞳孔
已经在很久以前、在遥远的地方死去。

他们测量——而他们白色的瞳孔
死去了，这样才能量得更精准。
我们不预期这里会出现一项条文
关于活人身上活生生的瞳孔。

一个把脸埋藏在大衣领子里的
兄弟，把死亡的重担背在背上。
他很快就摸透了大门的黑暗，
以及蜿蜒楼梯慈悲的寂静。
他住在那里，保持警醒：一小块室内，
一小段扶手，墙壁的呼吸。

有时候在残破的窗玻璃旁，
他会数自己还剩下多少弹药。
有时候：他会用一道光线，
把自己的心包围，仿佛那是前线。
承载着空洞熔渣重量的，
没有熄灭的火星燃烧着我。
时间是石头做的
但是城市在火焰上。

1947

遗憾的归来
Czarna
Piosenka

我不认识那座森林，

别在天空中寻找征兆。

天空和森林都被密集的死亡枪炮声

缝起来了。

无人区：你的和我的。

流逝的云朵。

我不知道的，最后的思绪。

没有被听到的枪炮声。

比灰尘还无足轻重,
我缺乏预感(罪恶和惩罚)地
成了你的未亡人——不要原谅——
像是睡梦中的孩子。像是昆虫。

双份的生命:生命和你。
双份的死亡:死亡和我。
双份的空洞:你——还有
我永远都不会生下的,你的儿子。

天空和森林
都被密集的死亡枪炮声
缝起来了。

运送犹太人
Czarna
Piosenka

外面是整个世界:
远处密布着森林,
泉水给山丘解渴,
而死亡在开放的天空下。
但是他们(——被关在引擎的高速运转中——)
的脸孔被换成拥挤的黑暗。
喊叫,沉默如铅。
大地深邃的证明。

在午夜一点火车
停留很久——它不会等所有人。

“你用书本、昆虫和树叶
教我什么是生命的清晨。
今天父亲,憎恨的血液
在你的胸口干涸——”

在午夜两点火车
停留很久——它不会等所有人。

“我们要隐形的哭泣做什么呢,
妻子,你永远是我的妻子。
眼泪是从呼吸偷来的,
身体比死亡还要沉重。”

在午夜三点火车
停留很久——它不会等所有人。

“小儿子啊，你就从木板间的空隙
吸取空气吧。
希望你可以在一口气中活下去，
我的手好空……”

当午夜四点到来的时候
某个人突破了车厢的阻力。
他的胸口是撕开的——而在他胸中
没有给任何人的原谅。

战争的孩子

Czarna Piosenka

他的眼神因为话语而炽热。
他的话语因为眼神而熊熊燃烧。
他把艰难的数字
换成了中气十足的演说。

而群众有如潮水喧哗，
群众的背胀满破裂。
脱下帽子后露出的鬣毛
往讲台底下靠近。

讲者飞腾的话语悬在半空——
他看见了孩子。他们把可怕的时代
戴在自己灰白的头发上,
像是纹风不动的空气。

在他的吼叫爬上他的手臂,
爬上那陡峭的墙之前——
他知道,他的手在颤抖。他接过了
战争的最后一块碎片。

他走下来，
像是一个背负着重击的挑夫。
他的声音和手势都降低了。
他说——请你们帮帮忙，
帮我把那压迫我记忆的东西抬起来。

1947

玩笑的情色诗
Czarna
Piosenka

我脖子上戴着一条串珠项链。
每颗珠子都是愉快的一天
因为意外事件的触摸
而长存。

在如此寂静的旋律中
我除了节奏什么都不会，
而——如果你要听到它——
你必须和它一起哼唱。

我不是自己一个人存在。
我是能量的功用。
那或许是空气中的征兆。
或是水上的涟漪。

当你睁开眼——
我只会拿走属于我的。
我会忠实地把
大地和火焰留给你。

1947

当你睁开眼——
我只会拿走属于我的。
我会忠实地把
大地和火焰留给你。

马蹄铁
Czarna
Piosenka

在我望向它的同时,
你也衡量着手中那偶然找到的幸运。
你家门上的马蹄铁对你微笑,
你愉快地看着它。

拿去吧,如果你记得:马蹄
还有那夜晚罗织出的蜘蛛——

(这些是从月历中掉出来的叶片,
这些是从树上掉下来的日子。
这是轻轻摇晃的光线,
这是我们头顶有翅膀的时刻。
我们可以用这种方式
解释脚下的每一个沙沙声,
以及我们在雾中多变的阴影。
然而它不会成为《秋天》,
《夜晚的城市》或《雨》。
有许多窗户会对冗长的雨敞开胸怀。
拿来当柴烧的围栏。
在炉子里慵懒地煮熟的荞麦。
而在破布里颤抖的娃娃,
失落了它的玻璃眼珠。)

拿去吧，如果你记得：马蹄铁
还有那多了一片花瓣的丁香——

在我望向它的同时，
你听到锈敲击石头的声音。
就让收废五金的贩子
明天开出一个好价钱。

黑色的歌
Czarna
Piosenka

拉长音调的萨克斯风手，
发出笑声的萨克斯风手
有自己一套世界的系统，
不需要话语。
未来——有谁会知道。
过去是确定的——但有谁知道呢。
眯起想法，
演奏黑色的歌。

人们紧挨着脸跳舞。跳舞。
突然有人倒下。
他的头撞上地板，打在节拍上。
人们按照节奏避开他。
他没有看到头顶上那些膝盖。
他的眼皮闪着苍白的光，
抽离了喧嚣的高压和充满诡异色彩的夜晚。

别太悲情。那人还活着。也许他喝多了，
而太阳穴上的血迹只是口红？
这里没有发生任何事。
这是一个平凡普通躺在地上的人。
他自己跌倒也会自己站起来，
既然他已经活过了这场战争。
人们在甜蜜的拥挤中跳舞，
风扇混合了炎热和冰凉的能量，
萨克斯风往粉红色的灯发出狗一样的鸣叫。

今日的民谣
Czarna
Piosenka

在这个时刻
诗人是多么美妙地饥渴啊，
当风弯折树干，
让花瓣从树梢洒落，
而太阳如此令人感动，
像是孩子第一次的欢乐，
那欢乐想要把最轻柔的云朵
紧握在愉快的拳头中。

在街道歌曲的交叉点,
在它的十字路口,
那个总是含情脉脉地道别,
总是害怕地迎接的情人,
把嘴唇埋在
充满感情的绿叶里等待。
诗人看到了这样的她,
并且在今天爱上了这样的她。

他不是擅长
花言巧语的诗人。
他对她说:“我不知道该如何
把自己和别人的时间分开。
跟我来吧。如果你来的话——
我并不会因此而快乐。”

没有一个月历会说
哪一个——是我的星期天。

在我把你的嘴唇
写进崇高的诗歌之前，
我——自由的人——穿着世界的空气
像是穿着坚固紧身的铠甲，
我会把我的话语提升到
为自由而战斗
为和平而战斗的
那些人们的心灵高度。

他把头埋进叶片，
那在她手中绽放的绿意。
他低声重复名字，
仿佛这样记忆会比较持久。
然后他走在破损的街上离去，
走在快乐和愚蠢的人之间，
然后他走在破损的街上离去，
走在无忧无虑的情人之间。

看着太阳——女孩眼中
盈满了泪水。
看着云朵——她认出了
离别的困难。
但不是这个。不是她。
像是学习飞行的鸟
她会抬起脸和双手，
飞奔着去找他。她跑出去了。

1948

学校的星期天
Czarna
Piosenka

无人居住的屋子
鼓励我走进去。
它把寂静倚靠在墙上，
举行着孤独星期天的仪式。
树叶透过窗户看着它，
虽然它们只是徒劳地向玻璃眨眼：
最强烈春天的炙热
溢满了天花板。
在长椅中树木的生命
因为恶作剧和无聊而咿呀作响。
剪纸们手牵着手
蹦蹦跳跳地绕着教室跳舞。

地球仪百无聊赖地站在柜子上——
那是明日的科目——旁边还有一只鸟，
木屑把它胆怯的心脏
给拿走了。
黄色的大陆和蓝色的海洋
在圆形的球体上互相拥抱推挤，
鸟用永恒抬起的翅膀
碰触它们。
喔孩子们，你们很容易相信
地球是圆的，
而且可以毫无遗憾地
看进鸟的眼睛——仿佛那眼睛是活生生的！
对我们来说就比较难了。我们知道：那个在
鸟飞行时向它开枪的人，
是站在平坦得像是

像是盘子一样的大地上，从上面
可以获得丰饶的水果，
阳光般的金子还有可以
用来预言战争的动物内脏。
贪婪宴会的奴隶
在被重担压得弯曲的背上
耐心地摇晃，耐心地，
耐心地，耐心地摇晃
那不属于自己世界的托寓——
他们的身体因为用力
以及谦逊而紧绷。
而他们把伤害的咒骂
关在彩色的脸上。

只要他们那被过度使用的肌肉
无法获得法律的保障，
共同的爆炸
总有一天会从最后一根肌肉纤维中诞生。
站在岩石堆中，
把地球丢在地上，
在超越根的惊奇中，
这些人把世界的五个部分还给人类。
第五个会是祖国，
它们之中每一个的祖国。
从这里

我跨过门槛。明天田野的
小径会在此聚集，
纸做的舞者
会从早晨就开始他们的表演。

地球仪会在孩童所注视的
轴心上转动。
窗户光线的鳞片
在太平洋上移动。
而在鸟的玻璃瞳孔中
光线折射出——彩虹。
我与出口的花错身而过。
影子在我背后弯着腰——
这坚定安静的同伴，
贴近地面的思绪：
该是让过去在史诗中
发展了。我们还没有这样的史诗。

图书在版编目（CIP）数据

黑色的歌 /(波)维斯拉瓦·辛波斯卡著；林蔚昀
译.--武汉：长江文艺出版社，2019.1
ISBN 978-7-5702-0769-5

Ⅰ. ①黑… Ⅱ. ①维… ②林… Ⅲ. ①诗集-波兰-
现代 Ⅳ. ①I513.25

中国版本图书馆CIP数据核字(2018)第275031号

著作权合同登记号17-2018-297

选题策划：刘　平　张莹莹　　责任编辑：郑海波　今　夕
装帧设计：山川制本workshop　　责任校对：戴文慧
责任印制：张　涛

出版：长江出版传媒 | 长江文艺出版社
地址：武汉市雄楚大街268号　　邮编：430070
发行：长江文艺出版社
北京时代华语国际传媒股份有限公司(电话：010-83670231)
http://www.cjlap.com
印刷：北京盛通印刷股份有限公司

开本：787毫米×1092毫米　1/32　　印张：6
版次：2019年1月第1版　　2019年1月第1次印刷
字数：109千字

定价：49.80元

W.S.
THE WISŁAWA SZYMBORSKA FOUNDATION